Viajemos en avión

Figuras bidimen

Suzanne Barchers

Créditos

Dona Herweck Rice, *Gerente de redacción*; Lee Aucoin, *Directora creativa*; Don Tran, *Gerente de diseño y producción*; Sara Johnson, *Editora superior*; Evelyn Garcia, *Editora asociada*; Neri Garcia, *Composición*; Stephanie Reid, *Investigadora de fotos*; Rachelle Cracchiolo, M.A.Ed., *Editora comercial*

Créditos de las imágenes

cover CROM/Shutterstock; p.1 CROM/Shutterstock; p.5 ssguy/Shutterstock; p.6 Paul Prescott/Shutterstock; p.7 chooyutshing/Flickr; p.8 Soon Wee Meng/Dreamstime; p.9 (left) gorgeoux/Flickr, (right) Stian Iversen/Shutterstock; p.10 Andres Rodriguez/Dreamstime; p.11 akoray/Flickr; p.12 Evan Meyer/Shutterstock; p.13 Ambient Ideas/Shutterstock; p.14 AFP/Getty Images; p.15 mrhayata/Flickr; p.16 Ron Chapple Studios/Dreamstime; p.17 Eugene F./Shutterstock; p.18 First Light/Alamy; p.19 Helen Filatova/Dreamstime; p.20 (top) Randy Mayes/Shutterstock, (bottom) Andresr/Shutterstock; p.21 Jerry Driendl/Getty Images; p.22 Margo Harrison/Shutterstock; p.23 Light & Magic Photography/Shutterstock; p.24 Carlos E. Santa Maria/Shutterstock; p.25 Herbert Kratky/Shutterstock; p.26 (top) Henrik Äijä/Shutterstock, (bottom) Rob Wilson/Shutterstock; p.27 Losevsky Pavel/Shutterstock; p.28 Tim Bradley

Teacher Created Materials

5301 Oceanus Drive
Huntington Beach, CA 92649-1030
http://www.tcmpub.com

ISBN 978-1-4333-2746-9

©2011 Teacher Created Materials, Inc.
Printed in China

Tabla de contenido

Figuras bidimensionales

Existen muchas clases de figuras. Algunas son **figuras bidimensionales.** Esto significa que son figuras planas. Algunas tienen lados y **vértices.** El vértice es el punto en el que se encuentran los lados.

Las siguientes figuras son bidimensionales, o 2D.

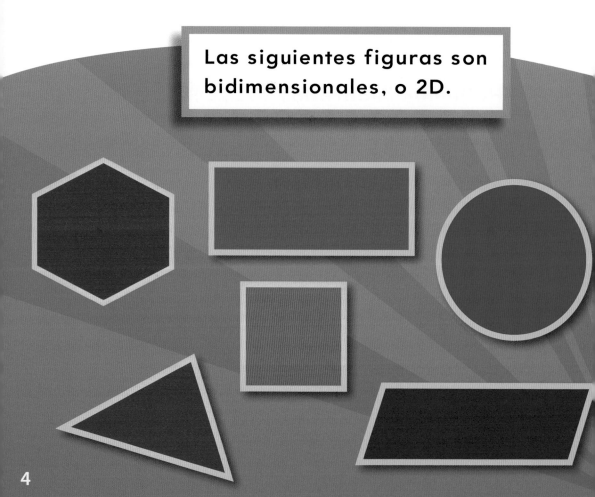

Cuando viajas puedes encontrar figuras bidimensionales. ¿Vas a un aeropuerto? ¡Puedes hacer mucho más que esperar tu vuelo mientras estás allí! Observa de cerca todas las figuras que puedas encontrar.

Hallemos círculos

¡Mira hacia arriba! No querrás perderte los **círculos** que hay en el aeropuerto de Madrid. El techo está lleno de estas figuras. Las hileras de luces que hay dentro de estos círculos parecen guiarte.

Este gran círculo te da la bienvenida
en el aeropuerto de Singapur.

Los arquitectos son personas que
diseñan edificios. Usan líneas y
figuras en sus planes. A menudo
usan círculos, rectángulos, triángulos
y cuadrados.

También puedes caminar por este círculo en el aeropuerto.

Si sabes que tendrás una larga espera, trae tu traje de baño. Podrás nadar en la piscina que está ubicada en el techo del aeropuerto. Luego relájate en el jacuzzi. Tiene la forma de un gran círculo.

Exploremos las matemáticas

Los círculos son planos y totalmente redondos. La distancia que existe entre el centro de un círculo y el borde siempre es la misma. Observa las siguientes figuras. ¿Cuáles son círculos?

1.   2.   3.   4.

Hallemos triángulos

Conduce hasta este aeropuerto de Londres. Observarás muchos **triángulos**. Su forma da fuerza a la estructura del edificio.

En el interior encontrarás aun más triángulos. Son una buena elección de **diseño**. Te dan algo que ver.

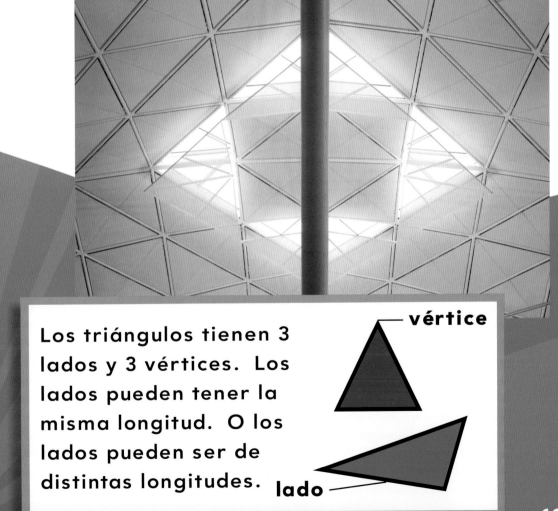

Los triángulos tienen 3 lados y 3 vértices. Los lados pueden tener la misma longitud. O los lados pueden ser de distintas longitudes.

vértice

lado

¿Cuál es la primera figura que ves en el aeropuerto de Denver? ¡Triángulos! ¿Te hacen pensar en las altas montañas que hay cerca? ¡Los diseñadores esperan que así sea!

El techo del aeropuerto está hecho de telas fuertes en forma de triángulos.

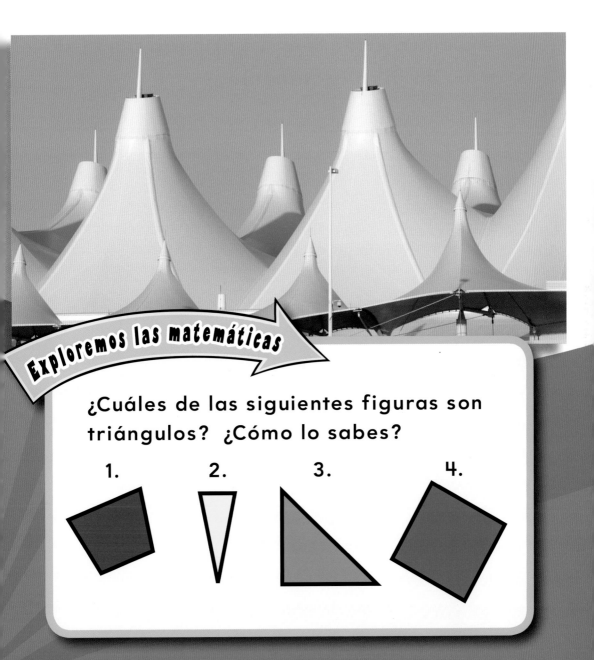

Exploremos las matemáticas

¿Cuáles de las siguientes figuras son triángulos? ¿Cómo lo sabes?

1.

2.

3.

4.

Hallemos rectángulos

¿Alguna vez viste una isla artificial? Este aeropuerto se construyó sobre una. Se encuentra en Japón. La primera parte se ve como un gran **rectángulo**.

Los rectángulos tienen 4 lados. La parte más nueva del aeropuerto tiene 6 lados. ¡Tiene una larga pista de aterrizaje!

Una figura que tiene 6 lados se llama **hexágono**. Las siguientes figuras son hexágonos.

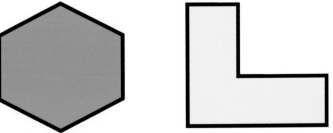

Hay muchas figuras que tienen 4 lados. Sin embargo, un rectángulo también debe tener lados **paralelos**. Las pistas de aterrizaje tienen líneas paralelas. Observa los lados de la pista de la fotografía. No se unen nunca. Simplemente terminan en algún momento.

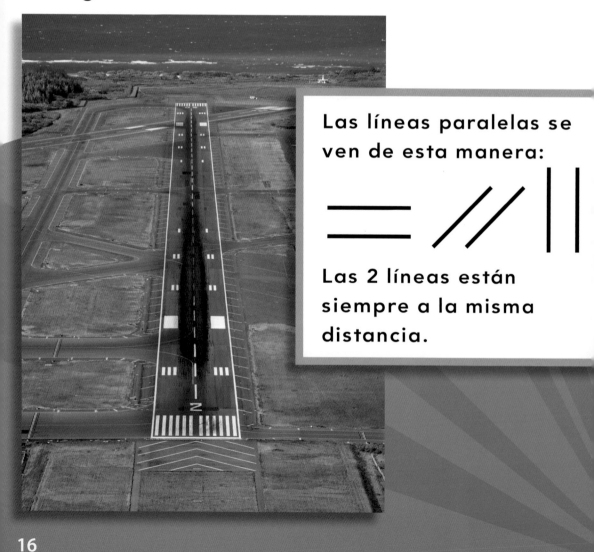

Las líneas paralelas se ven de esta manera:

Las 2 líneas están siempre a la misma distancia.

Las líneas paralelas largas parecen unirse. Pero nunca se unirán.

a. ¿Cuáles de las siguientes figuras tienen líneas paralelas?

b. ¿Cuáles son rectángulos? ¿Cómo lo sabes?

1. 2. 3. 4.

Hallemos cuadrados

Mira hacia arriba. Mira hacia abajo. Observa las ventanas. No puedes perderte los **cuadrados** en este aeropuerto de Canadá.

Los cuadrados suelen usarse para construir pisos y techos. Los lados de los cuadrados son iguales. Esto hace fácil de colocarlos juntos en el piso.

longitud

anchura

El techo de un aeropuerto de París también está hecho de cuadrados. Pero estos cuadrados son diferentes. Están hechos de vidrio fuerte.

Este aeropuerto de Costa Rica tiene un diseño divertido. Tiene círculos dentro de los cuadrados.

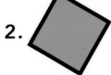

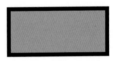

1.   **2.**   **3.**

Un cuadrado tiene 4 lados paralelos. Todos los lados tienen la misma longitud. También tiene 4 vértices.

a. ¿Cuántos vértices y lados tiene cada una de las figuras anteriores?

b. ¿Cuáles son cuadrados? ¿Cómo lo sabes?

En el avión

Has visto figuras en toda clase de aeropuertos. ¿Qué figuras puedes ver en los aviones? Los primeros aviones tenían alas que parecían rectángulos.

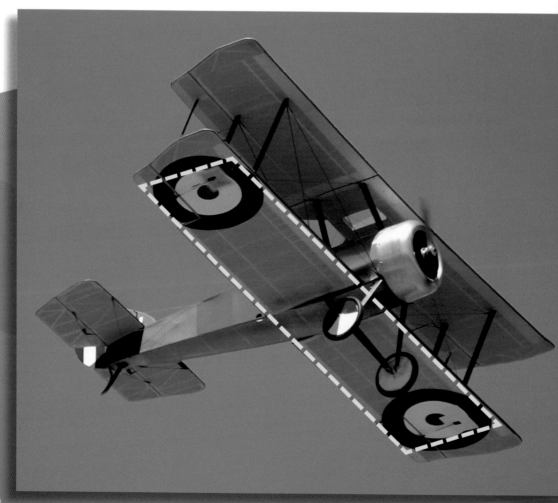

Ahora las alas de los aviones parecen más triángulos. ¡Este avión a reacción tiene alas enormes!

Asómate a la cabina de mando cuando estés a bordo de un avión. Podrás observar las pantallas cuadradas que usan los pilotos.

El área de los asientos también tiene figuras. Puede que te sientes sobre un rectángulo. Quizás veas una película en un rectángulo. Mira hacia arriba. También hay rectángulos encima de ti.

Tómate un momento para observar todos los letreros. Cada letrero es una figura.

La próxima vez que viajes, tendrás mucho por hacer. Es probable que encuentres cientos de figuras. ¡Sólo necesitas mirar!

Las figuras del tren

Hay figuras en muchos lugares y objetos. Éste es un dibujo de un tren que se usó en los años 1800. ¿Puedes hallar todas las figuras que lo forman?

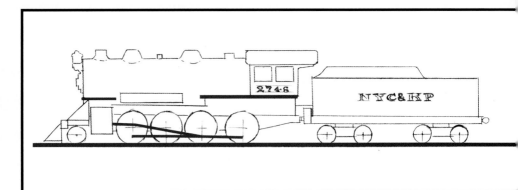

a. ¿Cuántos círculos hay en el dibujo?

b. ¿Cuántos triángulos hay en el dibujo?

c. ¿Cuántos cuadrados hay en el dibujo?

d. ¿Cuántos rectángulos hay en el dibujo?

e. ¿Cuántas figuras hay en total?

¡Resuélvelo!

Sigue estos pasos para resolver el problema.

Paso 1: Comienza por la izquierda. Cuenta todos los círculos que hay de la izquierda a la derecha. Escribe la cantidad de círculos que encontraste.

Paso 2: Repite el paso 1 y cuenta todos los triángulos. Escribe la cantidad de triángulos que encontraste.

Paso 3: Comienza nuevamente por la izquierda. Esta vez, busca cuadrados. Escribe cuántos cuadrados encontraste.

Paso 4: Comienza por la izquierda una vez más. Primero busca rectángulos en la locomotora. ¡Ten cuidado! Algunos son muy pequeños. Luego cuenta los rectángulos del vagón de carga. Escribe cuántos rectángulos encontraste.

Paso 5: Para hallar el total, suma todas las figuras que contaste.

Glosario

círculos—figuras planas y redondas

cuadrados—figuras planas que tienen 4 vértices y 4 lados iguales

diseño—plan para crear algo

figuras bidimensionales—figura plana que tiene tanto longitud como anchura

hexágono—figura plana que tiene 6 lados y 6 vértices

paralelo—que tiene líneas que están a la misma distancia y nunca se superponen

rectángulo—figura plana que tiene 4 vértices y 2 grupos de lados iguales paralelos

triángulos—figuras planas que tienen 3 lados y 3 vértices

vértices—puntos donde se unen o encuentran 2 o más lados

Índice

Exploremos las matemáticas

Página 9:

Las figuras 2 y 4 son círculos.

Página 13:

Las figuras 2 y 3 son triángulos. Las respuestas pueden variar, pero deberían incluir que los triángulos tienen 3 lados o 3 vértices.

Página 17:

a. Las figuras 1, 3 y 4 tienen líneas paralelas.

b. La figura 4 es un rectángulo. Las respuestas pueden variar, pero deberían incluir que los rectángulos tienen 4 lados o 4 vértices.

Página 21:

a. 4 vértices y 4 lados

b. Las figuras 1 y 2 son cuadrados. Las respuestas pueden variar, pero deberían incluir que los cuadrados tienen 4 vértices o 4 lados iguales.

Resuelve el problema

Las respuestas pueden variar en todos los problemas.